Johann Albert Heinrich Reimarus

Beantwortung des Beitrags zur Beratschlagung über die Grundsätze der Handlung

Johann Albert Heinrich Reimarus

Beantwortung des Beitrags zur Beratschlagung über die Grundsätze der Handlung

ISBN/EAN: 9783744605038

Hergestellt in Europa, USA, Kanada, Australien, Japan

Cover: Foto ©ninafisch / pixelio.de

Weitere Bücher finden Sie auf **www.hansebooks.com**

Beantwortung

des

Beytrags zur Berathschlagung

über die

Grundsätze

der

Handlung,

nach der

Natur und Geschichte

erörtert,

von

J. A. H. Reimarus,

M. D.

Zweyte Auflage.

Hamburg, 1775.

§. 1.

Der Beytrag zur Berathschlagung über die Handlungs-Grundsätze zur wahren Aufnahme der Länder und zur Beförderung der Glückseligkeit ihrer Einwohner, aus der Natur und Geschichte untersucht, welcher unter der Aufschrift: Cosmopolis 1771. in 8. herausgekommen ist, giebt mir Anlaß, folgende wenige Erläuterungen zu entwerfen. Es ist allerdings bey einer Berathschlagung nützlich, die Gründe von beiden Seiten zu betrachten, und die Wahrheit muß immer dabey gewinnen. Man wird also bey dieser Gelegenheit einige Einwürfe in Erwägung nehmen können, die sich in der kleinen Abhandlung selbst nicht berühren ließen, und welche doch der Ueberzeugung sehr im Wege stehen mögten. Der Herr Verfasser des Beitrags erwartet demnach mit Recht von mir, daß ich seine Einwürfe und Gründe mit gehöriger Achtung aufnehme. Indessen hat er mei-

ne

ne Meynung, die sich doch aus der kurzgefaßten
Schrift wohl einsehen liesse, oftmals verstellt. Dies
fördert die Berathschlagungen nicht. Auch ist er hie
und da in einen Ton verfallen, den meine Absicht
nicht verdient hatte, und den ich nicht werde wi-
derschallen lassen. S. 43. Anm. rückt er mir vor,
daß ich versichert, ich habe keinen Eigennutz vor
Augen gehabt. Daß dieses völlig wahr sey, wissen
alle die mich kennen. Ich kann noch hinzu setzen,
daß ich mir wohl vorgestellt habe, einigen Spott
oder Unwillen erdulden zu müssen. Aber ich gedenke mir keinen Gegner, sondern einen Gehülfen
zur Berathschlagung. Wenn wir bey den verschiedenen Vorstellungen nur bey der Sache bleiben, so
erwecken wir immer desto mehr Aufmerksamkeit, und
helfen alles desto besser zu erläutern und zu bestim-
men. Wir suchen Gutes zu befördern; so können
wir nicht mit Unwillen verschiedener Meynung seyn.
Wir suchen ernstlich die Wahrheit zu ergründen; so
können wir auch nicht weit von einander entfernt
bleiben: und wer sich selbst keine Vorwürfe zu machen hat, kann den Tadel von andern geruhig erdulden. Mit dieser Zuversicht zu unsern rechtschaf-
fenen Gesinnungen, wollen wir dann unserm Ge-
genstande noch einige Betrachtungen widmen. Vielleicht kömmt es auch nur darauf an, daß wir uns
recht gegen einander erklären. Ich will für jetzo,
so viel ich mit wenigem, und ohne Nachschlagung
anderer Schriften thun kann, des Hrn. Verfassers
Einwürfe in Erwägung nehmen.

§. 2.

§. 2.

Zuerſt bedaure ich, daß er den Titel meiner Abhandlung anders verſtanden, als meine Abſicht geweſen. Ich habe mir nicht herausnehmen wollen,
Handlungs-Grundſätze vorzutragen: ich wollte
nur die neuerlichen und jetzt gangbaren Handlungs-
Grundſätze zur Prüfung darſtellen (1). Dies zeigt
das Ende des 7ten und die darauf folgenden Ab-
ſchnitte, beſonders vom 8ten bis 13ten, wo dieſe als
nützlich angenommenen Grundſätze nach der Reihe
angeführet werden. Dieſe wollte ich, ſo viel meine
Kräfte erlaubten, nach der Natur und Geſchichte
unterſuchen, meine Folgerungen aber aus der Beobachtung ſchöpfen. Aus obbeſagtem Mißverſtan-
de meynt der Hr. Verfaſſer (S. 3.) daß ich mit dieſen beyden Ausdrücken einerley habe ſagen wollen.
Ich glaube aber, daß die Geſchichte, welche uns
lehret, wie die Menſchen gedacht oder gehandelt haben, uns eben nicht dadurch die Grundſätze darbietet, wie ſie hätten denken oder handeln ſollen, ſondern daß ſie uns vielmehr durch Anzeige der natür-

lichen

(1) Ich ſehe, daß ich von mehrern ſo verſtanden bin,
  als ob ich meine Abhandlung ſelbſt Handlungs-
  Grundſätze benannt hätte. Ich geſtehe auch, daß
  es deutlicher geweſen wäre, etwa Unterſuchung
  der Handlungs-Grundſätze zu ſchreiben, wie es
  Anfangs mein Vorſatz war. Weil aber die Vorſtellung von einer Unterſuchung und dergleichen Ab-
  handlungen etwas Langweiliges oder Unangenehmes
  mit ſich zu bringen ſcheint, welches die Leſer ab-
  ſchröcken möchte; ſo ward mir gerathen, den Titel
  lieber ſo, wie nun geſchehen iſt, einzurichten.

lichen Folgen ihres Verfahrens zu besserer Erwägung leiten kann. Ich betrachtete also fürs erste die
Natur eines freywilligen Tausches, der zu beyder-
seitigem Vortheil geschiehet, weil dabey jeder Theil
das, was ihm überflüßig ist, oder leichter zu erwerben war, gegen das, was ihm mangelt, oder schwe-
rer zu erhalten ist, austauschet, welches mir einen
klaren und fruchtbaren Begriff zu geben schien.
Von meiner Jugend auf hatte ich auch einiges Augenmerk auf die Einrichtung des Schöpfers im Zusammenhange der menschlichen Gesellschaft gerichtet,
und mich bemühet, zu untersuchen, ob es der Natur und dem wahren Wohl der Staaten gemäß
seyn könne, wenn selbige sich, so viel möglich, von
einander trennten, sich Abbruch thäten und zuwi-
der wären, da doch gewiß nach reiferer Einsicht,
(und gegen die vormalige Gesinnung, welche wir aus
der Geschichte ersehen,) das Wohl jedes einzelnen
Menschen mit dem Wohl seiner Nebenmenschen un-
zertrennbar verknüpft gefunden wird.   Nun habe
ich Beobachtungen oder Geschichte mit dieser Betrachtung verglichen, und geglaubt, daß es nicht
außer meiner Pflicht wäre, als Mensch und als
Bürger meine Nebenmenschen zu dergleichen Er-
wägungen aufzumuntern.   Der Hr. Verfasser wirft
mir S. 5. einen Mangel an Erfahrung vor. Erfahrung habe ich selbst nicht von mir versprochen.
Ich habe aber, als ich meine Abhandlung geschrieben hatte, einige handlungskundige Freunde befragt,
ob ich mich auch hie und da in der Geschichte geir-
ret, oder falsche Folgerungen gemacht hätte, und
                                                    nur,

nur, da von ihnen nichts verworfen ward, habe ich
es gewagt meine Gedanken öffentlich vorzutragen.
Mein Wunsch wäre nur, daß Männer, die mehr
als ich in diesem Fache beobachten können, eine auf-
richtige Anwendung von dem, was sie vor Augen
sehen, machen mögten, damit die Sache desto
klärer in die Augen fiele. Was mir seither von
braven Kaufleuten mitgetheilet worden, trift alles
sehr wohl mit meinen Folgerungen überein. Unter
auswärtigen Kennern könnte ich mich auf Männer
berufen, die gezeigt haben, daß sie von der Staats-
kunst der Landes-Oekonomie und der Handlung aus
eigener Beobachtung und mit gründlicher Einsicht
zu urtheilen verstehen, und die doch diese wenigen
Sätze nicht so ungereimt befunden haben, als sie
meinem Herrn Gegner geschienen. Ob er selbst ein
Staatsmann oder Kaufmann sey, weiß ich nicht;
es kömmt auch mir und andern nicht darauf an, wer
er sey, sondern was er für Gründe vortrage. Nur
befremdet es mich, daß er S. 4 über Handlungs-
geheimnisse der Kaufleute klagt, die unserer Einsicht das Licht benähmen. Ich gedächte, man wisse
jetzt, daß die Erwerbung des Reichthums der Kaufleute und Handelsstädte ganz natürlich zugehe, indem sie nämlich alles in seiner Art am wohlfeilsten
zu erhalten, und am vortheilhaftesten zu vertau-
schen suchen. Wenigstens trägt die Wissenschaft der
besondern Handlungseinrichtungen des Kaufmanns
zu der pragmatischen Geschichte des allgemeinen Ein-
flusses vom Handel oder Handlungsverboten im
Staate, davon hier die Rede ist, nicht viel bey.

Eines

Eines weiß ich indeſſen wohl, das hieher gehöret,
und geheim gehalten wird, nämlich der Schleich-
handel; davon aber würde die Geſchichte gewiß keine Gründe darbieten, um den Vortheil von Verboten zu behaupten.

§. 3.

Der Herr Verfaſſer ſcheint alſo S. 6. u. f. bey
ſeiner Unterſuchung zu begehren, die Handlungs-
Grundſätze ſollten ſo aus der Geſchichte geſchöpft
werden, daß man dasjenige für wahr und nützlich
annehme, was der Geſchichte nach für wahr und
nützlich gehalten iſt. Er beruft ſich demnach §. 4.
darauf, daß von Jacobs Zeiten an wol niemals
eine allgemeine Handlungsfreiheit in der Welt geweſen ſey. Das kann ſeyn. Von Abrahams und
noch ältern Zeiten an bis auf unſere Tage iſt auch
Sclaverey oder Knechtſchaft in der Welt geweſen;
dennoch ſehen jetzt die Fürſten ein, daß die Ab-
ſchaffung der Leibeigenſchaft zu merklicher Beförderung des Flors ihrer Staaten gereiche. In alten
Zeiten hielte man es auch überhaupt der Politik zu-
wider, irgend einen Fremden ins Land zu laſſen,
welches doch nachher für einen barbariſchen Grund-
ſatz geſchätzet ward, und deswegen noch das tarta-
riſche Taurien bey den Griechen berüchtiget war,
daß daſelbſt kein Fremder landen durfte. — Er
wirft ferner die Frage auf, ob dann auch einem
Fremden, und ſogar wol einem, der Gifte ver-
kaufte, frey ſein Gewerbe zu treiben erlaubt ſeyn
ſollte?

sollte? Wenn er hiemit den Gedanken einschlupfen lassen will, daß ein Frember, ohne des Landes Lasten mit zu tragen, sein Gewerbe im Lande treiben, und ein Eigenthum in Besitz nehmen, oder, daß ein offenbarer Uebelthäter ungestraft bleiben möge, so trift mich der Einwurf nicht; denn das hat niemand unter einer Handlungsfreiheit begreifen wollen. Ich würde aber beym ersten Falle die der Familie Jacobs vom Hemor ertheilte Erlaubniß, ihre Nahrung im Lande zu erwerben, und Aecker oder Viehtriften in Besitz zu nehmen, auch nicht mit dem Herrn Verfasser ein Handlungsprivilegium in aller Form nennen (2). Beym zweiten Falle, so gehäßig auch das Beyspiel seyn soll, würde ich doch behaupten, daß sogar die Möglichkeit des Misbrauchs, Gifte zu verkaufen, keinen Grund gebe, die Freiheit einzuschränken. Es ist hier kein Streit über den Werth wirklich nützlich oder schädlicher Dinge, sondern über die Art der Entscheidung, dadurch dieses bestimmt werden soll. Nun läst sich zeigen, daß das Urtheil des Käufers und Verkäufers, die beyde ihren Vortheil suchen müssen, und bald aus der Erfahrung lernen, auch hierinn allerdings weit sicherer sey, als das nach angenomme

A 5   nen

(2) S. 6. §. 4. schreibt er "Hemor, ein Fürst einer einzigen Stadt, sagt zu Jacob und seinen Söhnen: Wohnet bey uns, das Land soll euch offen seyn, werbet und gewinnet darinnen. War das nicht ein HandlungsPrivilegium in aller Form? und war es nöthig, oder war es eine Gunst, ihnen solches zu ertheilen, wenn die Freiheit, Kaufmannschaft zu treiben, einem jeden zustand?"

nen Meinungen zuvor gefällte Urtheil der Policey.
Zugestanden nämlich, daß immer einige Misbräu-
che und üble Folgen entstehen können, so ist die
Frage nur wohl zu erörtern, ob auf diesem oder jenem Wege die meisten und größten übeln Folgen
entstehen, oder mehr Gutes verhindert werde.
Nun berufe ich mich auf die Geschichte. In England, wo jeder frey verkaufen und versuchen kann,
was für Mittel ihm beliebt, ist weit mehr Nützli-
ches in der Arzeney erfunden, gestiftet und ausge-
breitet worden, als z. E. in Frankreich, wo die Polizey sich vorbehalten wollen, zu urtheilen, was nützliche oder schädliche Mittel wären, und daher bald
das Spießglas, bald das Quecksilber, bald die Fie-
berrinde, bald das Blatterimpfen verbannet hat.
Wie vielmehr wird nun bey andern Dingen, wo
der Käufer und Verkäufer ihren Vortheil noch
leichter einsehen, durch freie Wahl derselben auch
der größte Nutzen der Handelnden selbst, und aus
dem zusammenfliessenden Vortheil aller wetteifern-
den Einwohner auch zuverläßig der größte Vortheil
des ganzen Staats entstehen? — Der Herr Verfasser erkennet zwar, daß manche Verbote oder Mittel, die Handlung zu zwingen, dem Staate schäd-
lich seyn können: er will es aber S. 69. als ungereimt vorstellen, daß ich in Gedanken alle erwähn-
ten Einschränkungen der Freiheit und des Nah-
rungsbetriebes zusammen genommen, um ihre Folgen destomehr in die Augen fallend zu machen. Wie,
wenn sie sich dann doch wirklich an einigen Orten
zusammen gehäuft fänden? Ich bin nicht in Schwe-

den

ben gewefen; aber reifende Schweden haben mich
verfichert, daß dafelbſt alle von mir angeführte Ver=
ordnungen zuſammen angetroffen würden, auch die
Aufwandsverbote, auch die Verbote des Entwei=
chens aus dem Lande. Zugleich behaupteten ſie,
daß ſeit dieſen Anſtalten Schweden ſich eben nicht
eines angewachſenen Flores rühmen könnte, unge=
achtet ſo viele Aufmunterungen, und der Fleiß ſo
vieler geſchickten Männer, die unermüdet auf nüß=
liche Dinge und Verbeſſerungen ſinnen, ſolches wol
vermuthen laſſen müßte. Die Vergleichung, daß
man mit eben der Wahrſcheinlichkeit auch den Fall
von Zuſammenhäufung aller Arten von Arzeneien
ſetzen mögte, paßt auch gar nicht; denn, jene Mit=
tel ſollen zu einem Zwecke, dieſe aber zu ſehr ver=
ſchiedenen und entgegen geſetzten dienen. Indeſſen
will ich in allgemeiner Betrachtung das Beyſpiel
annehmen. Vor Zeiten nämlich verſprach man
ſich von den Arzeneien, daß dadurch die Geſund=
heit über die natürlichen Kräfte des Körpers erhö=
het, das Leben verlängert, ja, beinahe die Unſterb=
lichkeit zuwege gebracht werde; und daher häufte
man freilich auch eine Menge dergleichen Mittel zu
deſto gewiſſerer Wirkung zuſammen. Itzt iſt man
belehret, daß ſie den Körper nicht nähren, ſondern
gewaltſam erſchüttern, und daß ſie folglich nur im
Nothfalle, ſparſam, und auf kurze Zeit gebraucht
werden müſſen. Nun mache man die Anwendung
auf die Handlungs= oder Oeconomie=Arzeneien.

§. 4.

§. 4.

Der Herr Verfaſſer ſagt S. 8. "Die geſetz-
gebende Macht ſey doch befugt, hierinn ein Urtheil
zu ſprechen, darüber niemand Richter wäre." Allerdings: dieſe Befugniß, Verordnungen zu machen, werden wir geringe Privatperſonen jederzeit
gelten laſſen. Wir geben nur eine pflichtmäßige
Anzeige von dem, was nach der Natur und Erfahrung nützlich oder ſchädlich befunden worden.
Dergleichen Anzeigen und Beiträge zu Berathſchla-
gungen hören auch unſere Fürſten gern; ja, ſie geben ſich oft viele Mühe, um aus dem aufrichtigen
Munde von Privatperſonen eine Nachricht von den
Folgen dieſer oder jener Einrichtung und dem wahren Zuſtande des Landes zu erfahren. Dies iſt ein
rühmlicher Vorzug unſerer Zeiten. Sie erkennen,
daß, je wichtiger eine Sache zu achten iſt, deſto
freimüthiger die Unterſuchung ſein muß: Sie wollen alſo die Freiheit nicht ſchüchtern machen, ſondern weislich ermuntern, damit ihrem wachſamen
Auge nichts entgehe oder verheelet werde, ſondern
die etwanigen Vorurtheile oder eingeſchlichene Feh-
ler Ihnen zur unpartheiiſchen Prüfung dargelegt
werden. Hiebey kann jeder Bürger nützliche Dien-
ſte leiſten. Die Entſcheidung bleibt allemal den
Obern vorbehalten. Dieſe ſuchen nun mit wahrem
Ernſte das Beſte zu wählen, und auf Sie fällt gewiß der Tadel nicht: Sie müſſen aber nach dem er-
haltenen Berichte urtheilen. So handelte das
Franzöſiſche Parlement mit ganz löblicher Vorſor-
ge:

ge: es konnte nach dem Berichte der medicinischen
Collegien nicht anders sprechen.

§. 5.

Um nun weiter zu zeigen, wie nöthig die Handlungseinschränkungen jederzeit befunden worden,
führt der Herr Verfasser S. 8. das Beispiel der
Carthaginenser an, die andern Staaten nicht erlauben wollten, mit Sicilien, Sardinien und Af-
rica Handlung zu treiben. Das gereichte doch gewiß nicht zum Besten dieser Provinzen, denen Carthago den Handel mit Fremden versagte, indem
es sich allein eine Stapelgerechtigkeit vorbehielte.
Jene konnten dabey gewiß nicht den vortheilhaftesten Tausch machen. Was nun hier eine tyranni-
sche Macht zum Bedruck solcher Länder ausübte,
wollen wir das den Landesvätern zur Einschränkung
ihres eigenen Staates anrathen? Sich selbst setzte
Carthago wol keine Schranken, im Betrieb dieses
oder jenen Handels. Was aber der Reichsrath
von Carthago, dessen Mitglieder ohne Zweifel selbst
an der Handlung Theil nahmen, nur zu Vergröf-
serung ihres eigenen Vortheils, und zum Nachtheil der Landstädte, oder aller die ihnen unterwür-
fig waren, verfügte, soll das Monarchen zum Beispiel dienen, deren Eigennutz nie von dem Vortheil
ihres ganzen Landes unterschieden seyn kann? —
S. 9. führt er an, daß von alten Zeiten her Zölle
eingeführt gewesen. Die Zölle gehören aber gar
nicht zu unserer Frage wegen der Handlungsfreiheit

heit, ob selbige mit allen und jeden Staaten zu desto vortheilhafterer Concurrenz, und mit allen und
jeden Waaren, zu desto vortheilhafteren und weiter ausgebreiteten Tausche zu gestatten sey. Nur,
wenn die Zölle ungleich, zum Bedruck eines gewis-
sen Handlungszweiges, oder, wie sich einige Neuere
ausdrücken, zu Regulirung der Handlung, aufge-
legt werden, kommen sie hier in Betrachtung.
Auch Holland, sagt er, hat seine Zölle und Abgaben. Ich will mehr gestehen: auch Holland hat
schon die Handlungsfreiheit durch einige Versper-
rung von Einfuhr, u. d. gl. eingeschränkt. Ich
habe aber erinnert, daß ich aus der Geschichte nicht
die Beispiele, sondern die Folgen zur Richtschnur
annehme. Wer sich hiernach erkundigt, wird hören, daß diese Verordnungen die Manufacturen,
welchen sie zum Vortheile dienen sollten, nicht aufrecht
erhalten können, und noch dazu andere Manufacturen
und Gewerbe, denen sie die bessern Preise benom-
men, herunter gebracht haben. — S. 13. u. f. will
der Herr Verfasser noch ein wichtiges Beispiel anführen, wie unschicklich sich die zugegebene Handlungsfreiheit in der Erfahrung bezeugt habe. Er
redet von den Hanseestädten. Ich weiß nicht, wie
wir uns so unrecht verstehen können. Statt zu zeigen, daß diese Freiheit zu handeln, solchen Hanseestädten nachtheilig gewesen, erwähnt er, daß die
Staaten, welche nicht gleiche Freiheit mit ihnen
genossen, oder von ihnen unbilliger Weise unter-
druckt worden, nicht zum besten dabey gefahren
sind. S. 14. führt er ausdrücklich die Klagen der
Eng-

Engländer an, daß die Reichsingesessene mehr Abgaben zu erlegen gehabt, als die Hansischen, und überhaupt, daß sie nicht der natürlichen Gleichheit und Concurrenz im Handel genossen. Das war nun wirklich unvorsichtige und üble Anordnung: das war aber kein Beyspiel ungehinderter Handlung, oder der von mir gepriesenen Handlungsfreiheit (3). Ich verstehe dadurch eine Freiheit der Landeseingesessenen, allen Handel und Tausch zu treiben, den sie selbst, und gewiß ihres Vortheils wegen, verlangen. Die Hanseestädte, von denen der Verfasser S. 14. den Fortgang zum blühenden Wohlstande eingestehet, hatten doch bey sich wol zu Beförderung größern. Flores keine solche Einschränkungen der Freiheit angeordnet, nicht mit diesen oder jenen Waaren zu handeln oder zu tauschen, nicht der vortheilhaftsten Gelegenheit, nicht der wohlfeilsten Fuhr zur See oder zu Lande sich zu bedienen, u. s. f. Gewiß, da in diesen Städten größtentheils Handelsleute, die den Vortheil zu schätzen mußten,. das Ruder führten, wird man sich dergleichen von ihnen nicht vorstellen. Wer aber die Klagen der andern Staaten recht betrachtet, der wird klärlich einsehen, daß sie keinesweges von der Handlungsfreiheit, sondern nur von ertheilten Privilegien oder ausschliessenden Vorrechten herrühr-

-----

(3) S. 16. sagt der Herr Gegner: "Wie war dem Verfasser bey diesen unläugbaren Geschichten die Frage möglich: Läßt sich wohl ein Beyspi.l aufweisen, daß ein Staat durch ungehinderte Handlung verarmt sey?" –

herrührten. Und also hatte ich doch auch nicht unrecht gesagt, daß die Staaten, welche diesem Nach-
theile abzuhelfen suchten, dennoch zur Beförderung
der Glückseeligkeit ihrer Länder, und zur Aufmunterung ihrer Unterthanen, wenn selbigen nunmehr
auf verschiedene Weise die Hände gebunden wurden,
nicht dem Wege gefolgt wären, darauf jene handelnden Staaten zu dem Flore gelangt waren, der
sie neidisch machte (4).

§. 6.

Hier muß ich Gelegenheit nehmen, einen Satz
zu widerrufen, der mir im 18ten §. meiner Abhandlung entfahren ist, da ich die Handlungstractate
als einen Schritt zur gewünschten Handlungsfreiheit rühme. Dieses hat beym ersten Ansehn den
Schein, und besser ist es freilich, noch mit ein oder
anderm Staate, als mit gar keinem, den Handel
zu erlauben. Ich kann aber nicht umhin, was
mich die nähere Berachtung lehret, zu erklären.
Handlungstractate, in so ferne sie nicht bloß zu Auf-
hebung beiderseitigen Handlungsbeschwerden abzie-
len, sind vielmehr Einschränkungen: denn sie sind
Vergünstigungen und Vorzüge, die einem auswärtigen Staate vor andern zugestanden werden. Wenn
sie also gleich nicht unmittelbnr, wie die vom Herrn
Ver-

(4) Der Herr Verfasser behauptet S. 19. "Sie wählten nicht den entgegengesetzten, sondern, so weit
sie konnten, gerade denselben Weg, worauf die
Hanseestädte zu dem Flor gekommen waren, bey
welchem ganze Staaten zu Grunde giengen."

Verfaſſer angeführten Privilegien, die landeseinwohner drucken, ſo ſind ſie ihnen doch allemal dadurch nachtheilig, daß ſie durch Zurückſetzung anderer die Concurrenz ſchmälern, und ſchlechtern
Markt machen. Iſt es nun ſchädlich befunden,
wenn ſelbſt landeseinwohner durch ertheilte Privilegien in den Stand geſetzt werden, ihren Mitbür-
gern den Preis vorzuſchreiben, oder ſchlechtere
Waare zu liefern; wie viel mehr muß es unvorſich-
tig geachtet werden, Fremden dergleichen Freiheit
zu ertheilen. Der auf ganz andern Gründen be-
ruhende und von ſelbſt beſtehende Handlungstra-
ctat mit aller Welt, daß derjenige, der die beſten
Waaren am wohlfeilſten liefert, und uns für die
unſrigen den beſten Preis bietet, vor allen den Vorzug haben ſoll, iſt demnach wol der einzige vortheilhafte für den Staat. Hätten diejenigen Länder,
deren Klagen der Verfaſſer anführet, ſtatt der den
Hanſeeſtädten eingereimten Vorzüge, eine ſolche
Handlungsfreiheit geſtattet; ſie würden ſich nie zu
beſchweren Urſache gehabt, und viel ſchnellern Fortgang zum Wohlſtande gemacht haben. Aber dennoch iſt es unbillig, wenn man vorgeben will, daß
ſie durch den Handel mit den Hanſeeſtädten, ob
zwar er mit ungleichem Vortheil geführet ward, zu
Grunde gerichtet, oder in ſchlechtere Umſtände geſetzt worden, als darinn ſie zuvor waren, da ſie
noch faſt gar keine Handlung kannten. Die Fabriken in England und die Vermehrung ihres Fleiſ-
ſes und Anbaues würden nicht ſo weit gekommen
ſeyn, wenn nicht jene Handelsleute ihre Waaren

B   geho-

geholet; und weiter in der Fremde vertrieben hät=
ten. Hiedurch aber wurden sie aufgemuntert, da
sie Abnehmer ihrer Produkte hatten, und sich durch
den Tausch mehrerer Bequemlichkeiten dazu gerei=
zet fanden; folglich mußten sie an Volkmenge,
Macht und Schätzen zunehmen. Gewiß, um diese
Vortheile des größern Absatzes zu erhalten, hatte
man die Kaufleute der Hanseestädte durch die er=
wähnten Privilegien angelockt, welche man hernach,
als der Staat schon die Kräfte fühlte, die er ge=
wonnen hatte, und der Hülfe nicht mehr zu bedür=
fen glaubte, wieder zurücknahm. -

§. 7.

Bisher sehe ich also nicht, daß der Verfasser
Ursache gehabt, (S. 28. und S. 68. §. 21.) mei=
nen Begriff von Gemeinschaft der Staaten un=
ter einander, und vom Umsatz, d. i. vom Vorthei=
le des Tausches, so ungereimt, oder den Handel
aus der Erfahrung so gefährlich vorzustellen. Statt
eines von mir aufgeforderten wirklichen Beispiels,
führt er (S. 19. Anm.) die Folgerung des Herrn
von Montesquieu an, daß ein Land, welches alle=
zeit weniger an Waaren aussenden, als es wieder
empfangen würde, nothwendig verarmen oder zu
Grunde gehen müsse. Ich weiß, daß auch mehrere,
und besonders Engländer, uns mit diesem Satze
geschrecket, und daher behauptet haben, daß die
Polizey ja die Handlungsbalanz wohl in Obacht
neh=

nehmen solle (5). So richtig aber die Folgerung
ist, so unmöglich werden wir die Voraussetzung fin=
den. Man hat nämlich dabey nur vergessen zu
betrachten, daß, wenn der Fremde anfangs mehr
Geld wegholete, das Geld sodann bald im Lande
rarer werden müßte; folglich würde er für seine
Waaren nicht immer denselben Preis, oder soviel
als er verlangte, erhalten, und den Handel auf
diese Weise fortsetzen können. Hingegen würden
Arbeitslohn und Waaren im Lande wohlfeiler, folg=
lich von selbst mehr Gelegenheit zur Austauschung
werden; und diese würde der fremde Kaufmann
selbst gerne, so viel möglich befördern, damit er
seine Schiffe nicht ledig zu Hause kehren lassen dürfe,
sondern bey der Rückfracht doppelt verdienen könne.
Der Herr Präsident sagt ja auch am angeführten
Orte, daß ein solcher Staat, der mehr an Waa=
ren empfinge, sich selbst ins Gleichgewicht setze.
Was heißt dieses? Kann man sich dann vorstellen,
daß das Ausführen des baaren Geldes bis zum letz=
ten Heller mit gleichen Schritten immer fortgienge?
Wird nicht der Werth der Waaren und des Gel=
des nach ihrem Vorrathe ins Gleichgewicht gesetzt?
und wird der Staat bies Gleichgewicht nicht bald
fühlen müssen? Er wird vielmehr nicht dabey ste=
hen bleiben, sondern durch eben die Reizungen der
Handlung aufgeweckt werden, sich auch selbst durch
die Mittel, die er in Händen hat, herauszuschwin=

B 2

gen.

(5) Dieser Vorsorge erwähnt auch der Herr Verfasser
S. 28.

gen. Dies hat die Geschichte bey verschiedenen
rohen und unbebaueten Staaten gelehret. Eben,
weil Fremde kamen, und ihnen manche, vielleicht
auch entbehrliche, aber zur grössern Bequemlichkeit
dienende Waaren brachten, wurden sie aufgemuntert, spornten Fleiß und Kräfte an, und konnten
Produkte zur Ausfuhr liefern, die sie nie, oder wenigstens nicht in beträchtlicher Menge hervorgebracht
hatten. Wenn wir aber eben das vom Herrn Verfasser hier und S. 32. angerühmte letzte Hauptstück
des 20sten Buchs jenes berühmten Herrn von Montesquieu weiter lesen, so finden wir, da dieser sonst
einsichtsvolle Mann eine Regel erkünsteln will, welchen Völkern es nachtheilig sey, Handlung zu
treiben, daß er endlich herausbringet: "nicht diejenigen Völker verlören bey der Handlung, die von
allen Genüge hätten und nichts bedürften, sondern
vielmehr diejenigen, die nichts besäßen und alles
bedürften," und zum treffenden Beispiel eines so
hülflosen Staates setzt er Pohlen. — Pohlen, dessen Fruchtbarkeit doch noch Frankreich mit Nahrung versorgen könnte! Nachdenkende Leser, die sich
nicht vor grossen Namen fürchten, werden gestehen,
daß hier verschiedene übel erwogene Sätze durch
übertriebenen Witz und Systemsucht unvorsichtig
zusammen gehäuft sind, und sie werden sich eben
so wenig darinn zu finden wissen, als wann der Herr
Präsident im 12ten Hauptstück desselben Buchs sagt:
"Was dem Handelsmann Zwang anlegt, legt deswegen doch der Handlung keinen Zwang an." —
Ich will noch eine Folgerung zu erwägen geben.
Wäre

Wäre die Voraussetzung zu befürchten, daß ein
Land durch freien Handel verarmen könnte, so müßte
dieses bey den verschiedenen Provinzen eines Staats
eben sowol, als bey verschiedenen Staaten eintref-
fen; denn der Grund liegt in der Natur des Landes, nicht in der Regierung. Nun setze man einen König, der ein weitläuftiges Reich, z. E. Frankreich besitzt. Er ist ein Vater aller seiner Unterthanen; er muß für alle gleiche Sorgfalt tragen.
Er müßte also den Handel unter den verschiedenen
Provinzen eben so einschränken und im Policenzwan-
ge halten, als man es jetzt für rathsam hält, wenn
dergleichen Länder, z. E. die deutschen Staaten,
unter verschiedenen Herren stehen. Aus dem größten Flor jeder einzelnen Provinz müßte nothwendig
auch der größte Flor des ganzen Reichs entstehen.
Wollte der König auch nicht so urtheilen, sondern
eine Provinz den andern aufopfern; so würde das
Spiel doch bald von selbst aufgehoben, wenn jene
zu Grunde gerichtet wäre. Aber dieses hat die Erfahrung nie bezeuget; man hat es auch bisher so
wenig befürchtet, daß vielmehr, je weiter sich die
Gemeinschaft des Handels erstreckt, desto mehr einer jeden Provinz sowol, als des ganzen Reichs
Wohlstand, zu blühen geurtheilt wird, und man
glauben sollte, daß, wenn England und Frankreich
unter einem Herren stünden, der Tausch ihrer Waaren zu beiderseitigem Vortheile betrieben und befördert werden müßte. Doch England mögte vielleicht
ein anders Beispiel geben, da schon jetzt Irrland
von Großbritannien, und die Collonien wiederum

von

von ihnen sich zu trennen, anfangen. Ob mit
Vortheile von beiden Seiten, wird die Erfahrung
lehren.

§. 8.

Hier muß ich doch Gelegenheit nehmen, den
so berüchtigten Begriff der Handlungs-Balanz
einmal zur richtigen Erwägung vorzulegen. Manche haben darauf mit leichter Mühe, weil es nur
die Summen der Zollregister nachzusehen braucht,
grosse Politik- und Oeconomie-Systeme gebauet.
Wir wollen zu mehrerer Deutlichkeit den Fall, darinn England, welches am meisten auf diese Rech-
nung hält, sich befindet, vor Augen nehmen. Großbrittannien muß also baar Geld nach Ostinbien und
einem Theil von Westinbien auszahlen: das heißt
man, die Balanz ist gegen uns. Aber Großbrittannien verkauft die von dort her empfangene Waaren wieder mit Vortheil in die Fremde: ist dann
hier ein Schaden in der allgemeinen Staats-Ba-
lanz? Es erhält auch mehrere Waaren am Werth
aus der Ost-See, als diejenigen betragen, welche
es dahin liefert. Aber, es verarbeitet das Eisen
zu sehr vortheilhaften Verkauf, oder es sucht Waaren, die ihm zum Schiffbau, und folglich zur größten Nothdurft der Handlung selbst dienen. Ist
dann dieser Handel nachtheilig für den Staat? Die
Balanz mit Frankreich und Italien ist endlich auch
gegen Großbrittannien. Aber die von daher er-
haltene Waaren, sind theils ebenfalls dergleichen
Pro-

Produkte, welche den Englischen Fabriken dienen,
oder es sind doch Bedürfnisse und Bequemlichkei=
ten, die man nicht so vortheilhaft auf anderm Wege
erhalten könnte. Diese dienen indessen zum wohl=
feilern und angenehmern Leben im Lande, zu meh=
rern Betriebe, und folglich zu grösserer Volkmenge.
Ist dann auch dieser Handel zu verwerfen? Zu ei=
nem von besagten vier Fällen aber, gedenke ich,
könnte man überhaupt alle Umstände einer so ge=
nannten nachtheiligen Handlungs Balanz rechnen.
Nämlich: die Waaren des fremden Landes werden
verlangt, entweder 1) um sie so wie sie sind, wie=
der auswärts mit Vortheil zu verkaufen: oder
2) um sie mit Vortheil zu verarbeiten: oder 3) we=
gen des nothdürftigen und vortheilhaften Gebrauchs
der Handlung und Schiffahrt selbst: oder 4) als
andere Bedürfnisse und Bequemlichkeiten im mensch=
lichen Leben. Allemal aber ist die Ursache, wes=
wegen sie lieber aus diesem als aus jenem Lande er=
handelt werden, nothwendig die, weil sie von dort
her wohlfeiler und leichter zu haben sind. Ist es
demnach nicht kurzsichtig geurtheilt, aus einzelnen
Berechnungen den Vortheil oder Schaden des
Ganzen schätzen zu wollen? Würde wohl die über=
wiegende vortheilhafte Balanz des Großbrittanni=
schen Handels mit den übrigen Staaten anders als
mittelst jener Auslage erhalten werden können?
Mit welchem Vortheile würde wohl ein Kaufmann
handeln, wenn er sich so nach einzelnen Rechnun=
gen richten und nicht im Ganzen auf sein Bestes
sehen, wenn er etwa deswegen einen vortheilhaften

Ein=

Einkauf sich versagen wollte, weil er eben mit diesem Manne nicht in Gegenrechnung stünde? Bleibt wohlfeiler deswegen nicht wohlfeiler, und vortheilhaft, vortheilhaft? dennoch hat man auf so seichtem Grunde grossen Theils die Nothwendigkeit der Handlungseinschränkungen gebauet.

§. 9.

Was für Grundsätze demnach aus übel erwogenen Handlungsneide neuerlich angenommen, und was für Verordnungen seit dem vorigen Jahrhundert daher erfolgt sind, davon gedachte ich klar genug meinen Sinn ausgedruckt zu haben, da ich derselben, nämlich der verbotenen Einfuhr oder Ausfuhr verschiedener Waaren, u. s. f. nach der Reihe erwähne. Es erhellet auch, daß dabey immer das Augenmerk auf die Einschränkung der Freiheit, oder freyen Wahl, und folglich des Vortheils der eigenen Landesunterthanen, gerichtet sey. Da aber diese Verordnungen erst in neuern Zeiten, und zwar in einem Lande nach dem andern ergangen sind; so meine ich schliessen zu können, daß man zuvor an dergleichen Einschränkungen nicht gedacht hat. Ob man aber Zölle gehabt, oder Zollfreiheiten den Fremden ertheilt oder genommen habe, davon ist die Frage nicht gewesen (6).

§. 10.

(6) Der Herr Verfasser hatte S. 18. gesagt: "Nichts scheint mir der Geschichte stärker zu widersprechen, als

§. 10.

S. 21. tadelt der Herr Verfaſſer, daß ich ge-
ſchrieben, die Einfuhr verſchiedener fremden Waaren ſey verboten worden, und hernach überhaupt
ſage, dadurch wäre das Mittel mit den unſrigen
zu tauſchen aufgehoben. Er meint, dies würde
nur dann erfolgen, wenn alle fremde Produkte verboten wären. Wie aber, wenn das Land, mit dem
wir handeln, bloß Leinen oder bloß Wollen-Waa-
ren zum Tauſche lieferte? war dann nicht mit dem
einzelnen Verbote der ganze Tauſch aufgehoben?

B 5   Zu

als die Stelle unſers Schriftſtellers (§. 7. meiner
Abhandl.) Im letzten Jahrhundert merkten die
Staatskundige, daß es die Handlung ſey, dadurch dieſe Glückſeligkeit erworben wurde: nun
wollten ſie darüber künſteln. u ſ f. Schon im
16ten Jahrhundert, und zum Theil ſchon vorher,
giengen den Fürſten die Augen auf. Es war keine
Künſteley an der Natur, ſondern eine bloſſe Zu-
rückkehr ihrer natürlichen Vernunft." Und S. 13.
"Aber, gründete ſich die Handlungsfreiheit der Hanſeeſtädte auf die durch Staatskundige noch nicht ver-
künſtelte Natur? Gewiß nicht. Schon damals
hielte man es für die Regel des auf Völker angewandten Naturrechts, daß kein Fremder ohne Erlaubniß handeln dürfe, wo er wolle. Das bezeugen
die unzähligen Privilegia, womit die Hanſeeſtädte
an allen Orten und Enden begabt wurden." — An-
ſtatt alſo die den eigenen Landeseinwohnern gelaſſe-
ne Freiheit im Handel und Wandel zu betrachten,
redet der Herr Verfaſſer von der Freiheit, oder
vielmehr von den Vorrechten und Privilegien, welche Fremden ertheilt worden.

Zu geſchweigen, daß man die Folge allemal in der
Maaſſe verſtehen könnte, als ſich das Hinderniß
erſtreckt. So wäre dann doch noch meine Logik
gerettet. — Aber in der richtigen Beſtimmung der
verſchiedenen Waaren, deren Ein- oder Ausfuhr
verboten oder erlaubt ſeyn ſollte, ſetzt er die wahre
und erſprießliche Mittelſtraſſe, da er übrigens ſelbſt
S. 2. 20. 38. und 69. geſtehet, daß man die Sache zum Nachtheil übertrieben hätte. Wenn nun
dieſer Mißbrauch verhütet werden ſoll, ſo müſſen
wir den Grund des Uebertreibens aufſuchen. Dieſen könnten wir erſtlich in dem S. 18. angenommenen Grundſatze finden, daß man nicht von Fremden erhandeln ſollte, was man ſelbſt hätte oder
haben könnte. Wenn es heiſſe: was man ſelbſt
mit gleichem Vortheile haben kann; ſo, und nur
dann allein, wäre der Satz richtig, und dann würden wir es auch nicht aus der Fremde zu holen begehren. Der Verfaſſer giebt S. 23. ein Beyſpiel
von einer Hausfrau: Ich will eine Familie ſetzen,
die ein Landgut beſäſſe; denn, wie er S. 24. zu-
giebt, auf einzelne Familien muß daſſelbe zutreffen,
was bey ganzen Staaten gilt. Sie könnten ſich
ihre Nothwendigkeiten ſelbſt verſchaffen. Auf einem Stück Landes könnten ſie Getraide, auf einem
andern Vieh ziehen: ein Theil von ihnen könnte
ſpinnen, ein anderer weben, ein anderer Kleider
und Schuh verfertigen, u. ſ w. Würden ſie aber
nach dieſem Grundſatze und dieſer erzwungnen Oeco-
nomie ſich beſſer ſtehen, als beym Austauſche der
Dinge, die ſie am leichteſten und meiſten erwerben,
und

und beym Eintausche derer, die ihnen andere am
leichtesten und besten liefern könnten? Ja, würden
sie irgend zu einem Wohlstande gelangen, und nicht
vielmehr ein kümmerliches Leben führen? Und warum leuchtet uns dieses armselige Leben des sich selbst
zehrenden Neides desto mehr in die Augen, je en-
ger wir den Kreis einer solchen von der Welt ab-
geschlossenen Gesellschaft setzen? Ist es nicht, weil
bey einer grössern Anzahl auch die Vertheilung der
Dienste, der Tausch, und der in gleichem Maasse
daher entspringende Wohlstand anwächset? Das
"selbst erwerben können," war also sicherlich keine
Regel des Vortheils. Zweytens hält man dafür,
daß der zu erwartende Nutzen oder Schaden des
Handels von der Polizey bestimmt werden müsse.
So gut auch die Absicht dabey seyn mag, so bleibt
doch das menschliche Urtheil, welches den Zusam-
menhang aller Geschäfte in der Welt, und aller
Folgen, nie übersehen kann, etwas trüglich, und
die oft eingeflochtenen Bewegungsgründe verführe-
risch. Der Herr Verfasser zeiget selbst (S. 38.
Anm. 3.) in einem Beyspiele, wie ein geringer
und doch entscheidender Umstand, den erst die Erfahrung lehret, und den man zuweilen nie entdecken
mögte, uns bey zuvor gefällten höchst wahrschein-
lichen Urtheilen entwischen, und statt des gesuchten
Vortheils zum Schaden verleiten kann. Er verlangt auch S. 69. daß man alle Bewegungsgründe (welche nicht allein von den Umständen des eigenen Landes, sondern zugleich von dem Einflusse und
Zusammenhange aller andern Länder hergenommen

wer-

werden müßten;) mit mathematischer Genauigkeit
aus einander ſetzen mögte. Alsdann aber glaube
ich, würde man nur mühſam eben das herausbrin-
gen, wozu die freie Wahl und die Erfahrung von
ſelbſt leitet. Denn, die oben angeführte Regel des
Tauſches iſt natürlich leicht, geht richtig, und hat
ewig ſichere Folgen. Der wahre Vortheil wird
dabey bald eingeſehen und von ſelbſt gewählt. Bey
jetziger Nahrungsnoth hat man auch keine Schlaf-
ſucht zu beſorgen, oder daß nicht jedem Gewerbe,
welches wirklichen Vortheil darbietet, mit allem Ei-
fer nachgeſpüret werde, wenn nur keine Bedruckung
es im Lande hindert.

§. 11

Um recht auf Treu und Glauben zu handeln,
will ich noch einen bekannten Einwurf anführen,
ob ihn gleich mein Herr Gegner nicht berührt hat.
Wie, wenn nun fremde Staaten uns ſehr entbehrliche Waaren zuführen, ſoll da nicht die Obrigkeit
Vormund ſeyn, daß wir nicht nützlichere Dinge
dagegen weggeben?— Wenn man dieſen Umſtand
genau erwäget, ſo wird man den Nachtheil nicht
auf der Seite finden, wo man ihn vermuthete.
Wohl uns, daß wir durch ſolche entbehrliche Dinge
zur Anſchaffung eines Ueberfluſſes von wichtigern
angereizet werden! Denn, daß die Beförderung
der Ausfuhr eines Produkts nicht den Mangel,
ſondern deſto mehreren Anbau und einen Vorrath
der über die Nothdurft reichet, verurſache, hat doch
die

die Erfahrung schon gegen die Vermuthung genug
bezeuget. Im Fall der Noth werden wir dann
ihre Galanterien allemal leicht fahren lassen: sie
aber werden unsers Getraides oder unserer Wolle
nicht leicht entbehren können.

§. 12.

Was der Herr Verfasser S. 24. anführt,
wenn doch nun andere Staaten Handlungs=
Verbote haben, wenn ein solcher Staat seine Waa=
ren einführen wollte, der dagegen unsern Waaren
den Eingang nicht verstattete; ist schon eine Stöh=
rung der allgemeinen Handlungsfreiheit, und sollte
kaum dawider, und gegen den möglichen beiderseit=
tigen größten Vortheil eingewandt werden. Den=
noch aber hebt die Natur den Schaden besser, als
die Verbote, weil jeder Kaufmann beim Tausche
mehr Vortheil findet, als bey der Auszahlung baa=
ren Geldes. Hätten nur nicht andere Staaten
unglücklicher Weise dem Beispiele von England
folgen wollen; wären sie fortgefahren, den Weg
zum Handel durch jeden beliebigen Handel zu er=
leichtern, da jenes ihn beschwerte (7); in jedem be=
quem=

(7) Ein neues Beyspiel wird mir von einem wohlden=
kenden Freunde mitgetheit. Es betrift die Folge
der Verordnung, einige Waaren nicht anders,
als aus der ersten Hand zu holen, welche in
England erfunden, und auch an andern Orten nach=
geahmt ist. Nun können oftmals durch Mißwachs
die

quemſten und wohlfeilſten Schiffe zu laden, da jenes ſich auf gewiſſe, wenn gleich nicht vortheilhafte
Befrachtungen einſchränkte; ſo würde England
bald überwogen worden ſeyn, und das, was es
durch die erſten Verbote erhaſcht hatte, mit viel
gröſſerem Nachtheil wieder verlohren haben. Nun
aber ſetzten ſich auswärtige Staaten auf gleichem
Fuß, und konnten alſo jenem den einmal genom-
menen Vorſprung nur deſto weniger abgewinnen.
Indeſſen klagt doch England ſchon über die Abnah-
me ſeiner Manufakturen, und hat es ſelbſt verurſacht, daß ſeine Produkte in verſchiedenen Ländern
zurückgeſetzt, und dagegen den Manufacturen anderer Staaten der Eingang verſchaft worden, weil
dieſe durch den Weg des Tauſches den Vorzug gewonnen. So lange aber die verlangten Waaren
aus jenem Staate noch wohlfeiler zu haben ſind;
ſo lange iſt es auch unſer klarer Vortheil, ſie vor
andern zu wählen, die Schätzung mag nun in Gel-
de oder andern Waaren gerechnet werden. Eines
beziehr

die Waaren eben an dem Orte, wo ſie zuerſt hervorgebracht ſind, theurer werden, als an andern,
wo noch mehr aufgekaufter Vorrath liegt, wie ſich
jetzt der Fall mit dem Oele eräugnet. Der Enganls
der darf aber dergleichen doch nicht aus der zwoten
Hand nehmen, und verurſacht ſich alſo ohne Noth
höhere Preiſe, die nothwendig im Handel und Wandel manchen ſchädlichen Einfluß haben. — Die natürliche Regel des Kaufmanns, die Waare daher
zu holen, wo ſie am wohlfeilſten und bequemſten zu
haben iſt, welche keiner Verordnung gebraucht,
würde dergleichen nachtheilige Folgen nie zulaſſen.

bezieht sich doch immer aufs andere, und auf den
Ueberfluß, den wir von diesem oder jenem im
Staate haben. Denn, was ist wohlfeiler? Ist
es nicht, was man leichter haben kann? Würde
man wohl Geld zu zahlen wählen, ja, Geld zah=
len können, wenn dieses nicht noch leichter, als die
begehrte Waare im Lande zu erhalten wäre?

§. 13.

Was mir der Herr Verfasser §. 9. 10. in An=
sehung des Geldes verdrehet, will ich nicht berüh=
ren (8). Es ließe sich indessen noch Verschiedenes
von der Betrachtung des Geldumlaufs und des
Gewerbe-Umsatzes von einem Inventario der Lan=
desschätze, an jährlich wieder anwachsenden Pro=
dukten oder Fleiß und Geschicklichkeit, und an
vorhandenen Münzen: von der Vermehrung der
Schätzungszeichen im Lande, u. s. f. etwas deut=
licher entwickeln, welches mir aber jetzt zu weit=
läuftig fällt. Hatte man dann geläugnet, daß
die Obrigkeit die Schätze ihres Staats zu erhal=
ten und zu vermehren suchen müßte? Der Zwei=
fel war nur, ob die Handlungs-Einschränkungen
wirklich ein Mittel wären, diesen Zweck zu errei=
chen. Man muß die Erfahrung fragen. In
einigen Ländern, wo sie eingeführt sind, bezeuget
man

(8) S. 42. ich schiene das Geld innerhalb Landes für
    eine Pest zu halten, davon man sich nicht geschwinde
    genug loßmachen könnte, u. d. gl.

man öffentlich, daß wol die papiernen Schätzungszeichen seither merklich angewachsen find;
die klingende Münze aber, ungeachtet aller Sorgfalt fie einzusperren, man weiß nicht wie, sehr ge-
schwunden sey.

§. 14.

Eben so ist kein Streit, ob Manufacturen,
welche die Gewerbe, Schätze und Volkmenge vermehren, in einem Lande aufzumuntern seyn. Wer
den 10ten §. meiner Abhandlung lieset, wird sehen, daß mich der Verfasser mit Unrecht beschul-
digt, als ob ich den inländischen Manufakturen
gram wäre. Die Frage ist nur, ob fie alsdann zu
errichten find, wenn die Einwohner ihre Zeit und
Hände auf andere Dinge mit mehrerm Vortheil
wenden könnten? ob durch Polizey- Anordnun-
gen diejenigen sicher gewählt werden, welche wirklichen Nutzen schaffen? ob fie nach grossen Projekten, mit Vorschuß, mit Zwang, oder mit
Verbot der Ausfuhr roher Produkten zu errichten? und ob fie bey Hemmung der Concurrenz
mit Fremden zur erwünschten Vollkommenheit und
zum wahren Vortheil des Staats gedeien werden? Hier sucht man immer auszuweichen: und,
da nur von dergleichen Anstalten die Rede ist, be-
ren Begriff doch wegen der häufigen Beispiele nicht
zweydeutig seyn konnte; so vertheidigt man die Er-
richtung der angemessensten Fabriken, dazu das Land
vorzügliche Gelegenheit giebt, oder der nothwen-
dig-

digſten, deren Abſaß zu täglichen Bedürfniſſen
erfodert wird (9). Dieſe bedürften aber keiner Vertheidigung und auch keiner Zwangmittel, ſie aufrecht zu erhalten. S. 40. meint der Herr Verfaſſer, ich thue den mit Gewalt begünſtigten Manufakturen doch Unrecht, wenn ich ſie Monopolien
nenne; wenigſtens paſſe es ſich nicht, wenn mehr
als eine Fabrik ihrer Art im Lande wäre, und wenn
ſie nicht für das Ausſchlieſſungsrecht eine Abgabe
bezahlten, ſondern vielmehr von den Regenten
groſſe Summen darauf verwendet würden. Mo-
nopolium bedeutet aber doch ein Alleinverkaufsrecht:
es mag nun ſolches einem einzigen oder mehrern zugleich verliehen werden. Es kömmt hier nur auf
die Folge der Ausſchlieſſung einer Concurrenz an.
Vorſchuß, der vom Staate den Fabriken gereicht
worden, hat zuweilen den Schaden noch vergröſ-
ſert, da unſchickliche Fabriken deſto eifriger behauptet, und das Land noch mehr gedruckt worden. Wie wollen wir verheelen, was öffentli-
che Schriften laut klagen, daß nämlich unter ſol-
chen Anſtalten eine ſchlechte Waare theurer bezahlt
werden müſſe, als man eine beſſere haben könnte;
daß die Kaufleute, welche zuvor daſelbſt beſtanden,

das

(9) So macht es der Herr Verfaſſer S. 56. "Es
kann ja kein natürlicherer Beruf zur Wollenmanu-
faktur ſeyn, als der, daß man mit Schaafen, mithin auch mit Wolle verſehen iſt." imgleichen S. 61.
und S. 24.

C

das Geld besser im Lande und im Umlauf erhalten,
und bey allerley Vorfällen dem Staate damit ge-
dienet hätten, als die jetzt auf Kosten des Staats
ernährten Fabrikanten, und daß die erzwungenen
im Grossen angelegten Manufacturen wohl mit allem Vorschuß zu nichte gegangen, wenn freye Fabriken in eben dem Lande bestanden wären? Der
Herr Verfasser siehet ja selbst S. 48. das natürliche Uebergewicht ein, welches einheimischen Manufacturen vor den auswärtigen jederzeit zu stat-
ten kömmt (10). Die Umstände, welche er
anführt, sind eben die ausdrücklichen Beweise meines (10. und 11. von Handlungs Grundsätzen)
behaupteten Satzes, daß wenn eine Manufactur
der natürlichen Fähigkeit des Landes irgend angemessen wäe, sie gewiß daselbst ohne Zwang bestehen
müßte. Ich bin nämlich versichert, die Kaufleute
sind durchgehends so arg und so eigennützig, daß,
wenn sie nur die geringste Ersparung dabey sähen,

sie

(10) "Der Kaufmann ist seines Gewinnstes bey einer
einheimischen Manufaktur so gewiß, als wenn er
seine Waaren von einer auswärtigen holet. Ja, er
hat bey jener noch mehrere Vortheile, als bey dieser.
Sie ist ihm gemeiniglich nicht so weit entfernt: seine
Correspondenz ist kürzer und geschwinder: seine Be-
stellungen sind leichter; und, wenn er hintergangen
wird, so kann er sich hurtiger Genugthuung verschaffen. Was für ein Interesse kann er noch haben,
einer einländischen Manufaktur gram zu seyn?" —
Wie kann aber der Verfasser nach diesen Sätzen fol-
gern, daß dennoch die inländische Manufacturen
durch Zwangmittel behauptet werden müßten?

fie gewiß den auswärtigen Fabrikanten verlaſſen
würden, wenn ſie auch durch Bund und Ver-
wandtſchaft noch ſo genau mit ihm verknüpft wären. Eben ſo wiſſen wir, wie gern der Landmann
oder Eigener von Produkten einem Aufkäufer, den
er in der Nähe hat, und der ihm bald ſeinen Vorrath abnimmt, ſelbigen um ein Anſehnliches
wohlfeiler läßt, als er ihn ſonſt verkaufen würde. Wenn alſo die Fabrik mit dieſen natürlichen und unzertrennlichen Vortheilen nicht zu-
frieden iſt, ſondern noch durch Verbote den
Preis erzwingen will; ſo muß ſie gewiß ihre
Mitbürger gar zu ſehr übervortheilen und drucken wollen: oder, wenn ſie nicht anders, als
mit ſolchem Zwange, oder mit Prämien, die
ihr der Staat auszahlt, beſtehen kann; ſo muß
ſie an ſolchem Orte ſehr unſchicklich, und mit Scha-
ben des Ganzen angelegt ſeyn. Gleichwie ich aber
dergleichen erzwungene Manufakturen undienlich
halte; ſo würde ich hingegen einer angemeſſenen
Manufaktur, d. i. die nach Gelegenheit des Orts
beſtehen, und gute Preiſe geben könnte, auch nicht
ſo gram ſeyn, daß ich mit dem Herrn Verfaſſer
(S. 47.) anrathen ſollte, ihr den Preis ihrer
Waaren zu beſtimmen, dadurch ſie nur verleitet
würde, etwas ſchlechtes zu liefern, oder den un-
mittelbaren Verkauf ihrer Waaren durch eine
Verordnung auszuſchlieſſen. Die Natur wird
auch hier die beſte Regel geben, ob es Käufern
und Verkäufern, folglich dem Ganzen, beque-

C 2   mer

mer und zuträglicher sey, sich einer Zwischenhand
zu bedienen, oder nicht.

§. 15.

Wenn aber nun (sagt der Verfasser S. 34.)
der Absatz der Manufakturen eines kleinen Landes
durch andere auswärts angelegte wohlfeilere, und
durch dortige Verbote, abgeschnitten würde? —
Das wäre ein Schaden und Unglück, zumal, wenn
die neu angelegten Manufacturen natürliche Vortheile hätten, welche dann auch, wenn ihre Produkte nur wohlfeiler wären, die unsrigen nicht
durch Verbote auszuschliessen brauchten. Es wäre, deucht mich, eben ein solcher Fall, als
wenn irgendwo ein neuer bequemerer Seehaven an-
geleget wird. Würden wir aber alsdann dem unsrigen noch Zölle oder Einschränkungen auflegen, um
den Ertrag davon zu erhöhen? Würden wir ihn
nicht vielmehr mit Aufgebung dieses Vortheils zum
Freihaven machen, um nur den Staat zu erleich-
tern, und desto mehr dem Abbruche, den der Fremde thun könnte, zuvor zu kommen? Finden wir
nicht auch in der Erfahrung, daß selbst kleine inländische Staaten, an den Grenzen anderer, wo
Einschränkungen herrschen, bey ihrem freien Handel aus wohl zu begreifenden Gründen sich sehr
wohl stehen? Würden hingegen Verbote dem Verlust steuern, oder ihn nicht vielmehr noch verschlim-
mern? Der Verfasser muß selbst gestehen, daß
man dadurch, wenn die Waare theurer wäre,

doch

doch keinen Abſatz in der Fremde wieder erhielte; es
bliebe alſo doch nur der erzwung*ne Abſatz im Lande übrig.   Er ſetzt aber in der Vorſtellung ſeines
Beyſpiels verſchiedenes wider die Natur, dadurch
ſeine Folgerungen unkräftig werden müſſen.   1)
Daß die Waare durch die Ausſchlieſſung des auswärtigen Abſatzes, es geſchehe ſolches wegen wohl-
feilern Preiſes, oder der dortigen Verbote wegen,
im Lande theurer werden würde, da vielmehr der
Verkäufer, dem ſie zur Laſt läge, und der mit dem
Auswärtigen Preis halten müßte, ſie nun gern
wohlfeiler losſchlüge; 2) daß der höhere Preis des
inländiſchen Produkts doch nur (wie man S. 25.
36. und 53 verſprechen will) eine Zeitlang dauern,
durch das Gegenverbot der fremden Einfuhr aber
ſich beſſern werde (11); 3) daß die fremde mit Ver-

C 3

bot

---

(11) Der Fall, darinn eine ſonſt ſchickliche Manufaktur
im Lande mit der Zeit wohl fortkommen würde,
wenn ſie nur Anfangs Begünſtigung genöſſe, iſt,
wenn eine auswärtige durch ihren ſchon ausgebreiteten Handel oder desgleichen zufällige Unterſtützung
den Vorſprung gewonnen.   Dieſes habe ich auch
(in der 82ſten Anm. von Handl. Grundſ.) erwogen.
Aber ſolche Begünſtigung könnte etwa in Anweiſung
eines Platzes und verſchiedenen andern Hülfsmitteln
beſtehen; ja, wenn eine Fabrik dem Lande angemeſ-
ſen iſt, ſo zeigt die Erfahrung, daß bloß ein kleiner
Anfang und gemählige Ausbreitung zu ihrem Fortkommen ſchon hinreichend ſind.   Die Begünſtigun-
gen müſſen auch, wie ich erinnert, wenigſtens in
einigen Jahren ſchon ihre Wirkung zeigen, und dabey nicht mehrern anderweitigen Schaden im Staa-

te

bot ausgerüstete Manufaktur ihre Waaren wohlfeiler geben würde, als die einheimische freie. Ge-
schähe dieses, so müßte die fremde Manufaktur gewiß nicht, wie der Verfasser 4) setzt, von uns
ihre rohen Produkte zu holen brauchen, sondern,
wie gesagt, natürliche Vorzüge haben. Dann
thäten wir aber besser, uns auf andere angemesse-
nere Dinge zu legen, als etwas mit Schaden erzwingen zu wollen, dabey wir, statt der wenigen
Fabrikanten, die man im Lande nähret, mehrere
und wohlhabendere Einwohner verlieren würden,
die Freiheit und wohlfeilere Preise ihrer Bedürfnisse
suchen. Dies wäre wenigstens bewandten Umständen nach der natürliche Rath, den der Herr
Verfasser hier von mir verlangt, und den er
S. 68. zu voreilig in meinem Namen erklären
wollen (12). Ich läugne nicht, daß, gleichwie

te verursachen, als das neue Unternehmen Vortheil
versprechen kann. Aber ein Verbot der Einfuhr
fremder Waare dient nur den Wetteifer der Verbesserung nachläßig zu machen, und folglich die Fabrik mehr zurück zu halten.

(12) Er sagt daselbst §. 21. "Wenn ich übrigens nicht
irre, so besteht das ganze System des Verfassers
kurz darinn: Handle und laß handeln. Ein jeder Handel ist gut. Denn ein jeder Handel setzt
voraus, daß zween Theile, sie seyn nun Privatpersonen oder Länder, Gemeinschaft mit einander haben: und nur das hat der Schöpfer gewollt. Der
Handel muß nicht für eine Wirkung des Mangels
der

wie ein Mensch dem andern durch Zerreissung der
gesellschaftlichen Bande, so auch ein Staat dem
andern durch Abschneidung des vortheilhaften Um-
satzes, Abbruch thun kann. Nur wünsche ich,
man möge bemerken, daß jener auch selbst den an-
scheinenden Nutzen bald mit grösserm Schaden büs-
sen müsse, und daß wir unserer Seits durch Nachahmung eines gleichen Verfahrens das Uebel nicht
lindern, sondern nur vergrössern würden. Dieses, deucht mich, zeigt jetzt schon sattsam die Erfahrung, da bey vermehrten Handlungseinschränkungen auch die Klagen über Mangel der Nahrung und kümmerliche Zeiten, dadurch die Einwohner aus dem Lande getrieben werden, immer
mehr in Europa zunehmen.

§. 16.

Im 10ten §. hatte ich gesagt: wenn man wählen könnte, d. i. wenn uns die Natur des Landes
und einheimische Produkte nicht von selbst auf eine
vor andern zu errichtende Manufaktur wiesen, so
sollten wir lieber andere Manufakturen anzulegen
suchen, als diejenigen, welche ein Land hätte,
damit wir Umsatz trieben, weil diese uns nicht den
auswärtigen Absatz verschaffen könnten, und der
Handel zu beiderseitigen Schaden stocken müßte.

C 4 Dieß

der Bedürfnisse, sondern für einen Bewegungsgrund
zum Mangel angesehen werden. Man muß sich
dürftig machen, damit man zu handeln habe.„

Dies verdrehet und tadelt der Herr Verfaſſer
S. 56. Ich hatte nach der Natur des Handels
ſo geurtheilet, und erfahrne Männer haben mich
verſichert, daß ich recht gerathen hätte. Ja, man
führte mir zur Beſtätigung ein Beiſpiel an. Eng=
land verhinderte die Einfuhr der Deutſchen Leine=
wand, um ſelbſt dergleichen Manufaktur zu beför=
dern. Die Deutſchen, welche ihre Nahrung ver=
lohren, mußten einen andern Ausweg ſuchen; das
Wiederverbieten frember Leinewand konnte ihnen
zu nichts dienen: ſie legten ſich auf Wollen=Ma=
nufakturen, dazu ſich von ſelbſt Gelegenheit anbot.
Da alſo von Exon vordem jährlich über zwanzig
Ladungen von dergleichen Waaren hieher kamen,
ſo können jetzt nur etwa drey vertrieben werden.
Wenn ich nun auch rechne, daß England auf die
Leinenwaaren eben ſoviel erſpart, als ihm vordem
der Abſatz ſeiner Wollenwaaren eingebracht, wel=
ches noch von einem neuen Gewerbe ſchwer zu ver=
muthen iſt; ſo hat es doch die Nahrung ſo vieler
Leute, als zuvor mit dem Umſatz beſchäftiget gewe=
ſen, verlohren, nicht aber (ob es gleich Herr
Hume ſagt, und der Verfaſſer S. 27. glaubt)
durch dieſe Verordnung ſein Volk und ſeinen Fleiß
vermehret. Deutſchland ſtehet ſich nicht beſſer bey
der Veränderung. Und dies heiſſe ich aus Neid zu
beiderſeitigen Schaden ſich bemühen.

§. 17.

Da ich überhaupt nur von erzwungenen Fa=
briken rede, und namentlich wenn ein Land noch
nicht

nicht genug angebauet ist, behaupte, daß dadurch
der geringere Vortheil vor dem grüssern gesucht
werde, so konnte ich den Einfluß von beiden Be-
schäftigungen auf die Bevölkerung und Stärke des
Staats wol mit einander in Vergleichung stellen(13)?
Daß Herr K. den ich mit anführe, nur von Manufakturen der Ueppigkeit redet, rührt mich nicht;
meine Gründe waren doch allgemein (14). So
habe ich auch in Anführung des Hume keinen Wi-

C 5
der-

(13) Ich sehe also dabey nicht, wie der Herr Verfasser
S. 57. vorgeben will, auf das, was Fremden, sondern was dem eigenen Staate und seinen Einwoh-
nern nützlich nnd angemessen ist. Daß es aber
würklich Länder gebe, wo man noch über Mangel
von Anbau klagt, und doch hat Fabriken erzwingen
wollen, kann dem Herrn Verfasser nicht unbekannt
seyn.

(14) Ich habe nämlich im 10ten §. von Handl. Grundf.
angeführt: 1) Niemals können die Manufakturen,
da ihr Glück abwechselnd ist, so sichere Handlung
verschaffen, als die eigenen Landesprodukte, welche
immer am Werthe ersetzen, was zuweilen durch Mißwachs abgeht. 2) Die Manufakturen verderben
die Sitten der Einwohner mehr, als der Landbau,
reizen zu Ausschweifungen, halten von der Ehe ab,
und hindern also die Bevölkerung. Des Herrn
K. Klage, daß die Landleute zur Ueppigkeit gereizet
würden, führe ich nur beiläufig in der 62sten Anm.
bey der Frage an: Ob die Anlegung der Manufakturen auf dem Lande der Wohlfeilheit wegen
mit Fleiß zu befördern sey, da sie dem so nöthigen
Landmann seine Arbeit weniger gefällig machen, die
Städte aber mehr Leute, denen es an Nahrung

fehlt

derspruch begangen; denn da ist die Rede von der
Handlung, nicht von Manufakturen, auf welche,
wenn sie mit ihren Unternehmern die Handlung
schwächen, vielmehr eben das völlig anzuwenden
wäre, was Herr Hume von den Bauern und
Landjunkern in einem Lande ohne Handlung sagt,
daß nämlich das Geld im Staate nicht recht genutzt
werde, daß ein grosser Theil der Einwohner küm-
merlich leben müßte, und die wenigen, welche den
Vortheil zögen, dadurch oft zum Stolz gereizet
würden, und sich durch Ueppigkeit zu Grunde rich-
teten (15). Der Herr Verfasser gesteht selbst S. 49.

und

fehlt, dazu hergeben könnten? Ich erstreck' also
auch diesen Grund auf die Beschäftigung aller Manufakturen überhaupt.

(15) Mein Herr Gegner erwähnt meiner Worte also:
"Ueberdem, heißt es, bringen Manufakturen den
Nachtheil, daß sie die Sitten der Einwohner mehr
verderben, als der Landbau. Nicht doch! Oben
hat uns ja der Verfasser gelehrt: Hingegen wird
man in einem Lande, wo nur Landjunker und Bauern
sind, mehr Müßiggaang, und daher mehr Wollust
und Verschwendung antreffen. Ich weiß wohl, daß
ihn zu dieser Stelle Herr Hume, und zu jener
Mr. K. veranlaßt hat. Indessen sprechen Mr. K.
und sein Herausgeber nur von Manufakturen der
Ueppigkeit" — Der Gegensatz, dabey Herr Hume
angeführet worden, ist aus dem 6ten §. von Handl.
Grunds. und redet keinesweges von Vergleichung
des Landbaues mit Manufakturen, sondern vom
Landbau ohne Handlung, da die Frage war, ob
letztere die Mäßigkeit und Arbeitsamkeit verdränge,
und nothwendig die Ausschweifungen der Ueppigkeit

zu

und 61. daß der Staat an den Manufakturisten
nur armselige schlecht versorgte Arbeiter hege. Ich
will eine Erfahrung hinzusetzen. Wenn man die
verhungerten Leute, welche sich jüngst schaarenweise
aus ihrem Vaterlande drängten, um in irgend einem andern Theil der Welt Nahrung zu suchen,
nach ihrem Gewerbe fragte, so fand sich selten ein
gemeiner Handwerksmann, und noch seltener ein
Bauer unter ihnen; es waren Weber und andere
Fabrikanten. Mich wundert also, daß der Herr
Verfasser im 15ten §. wünscht, daß auch die Handwerker auf ähnlichen Fuß mit den Manufakturen
gesetzt werden möchten, deren vortheilhafte Einrichtung er übrigens wohl beschreibet. So sind aber
diejenigen, welche sich dazu schicken, frey und von
Natur entstanden, und so würden gewiß mehr
Handwerker in Staaten, wo keine Innungen, sondern Freiheit ist, eingerichtet werden, wenn es ihre
Beschaffenheit litte. Ein gesetzter besoldeter Ober-
meister aber, und eine Polizeyeinrichtung, wie er
S. 51. anräth, würde ihrem Gedeien nur hinder-
lich seyn, da die Erfahrung lehret, daß Fabriken
unter Privatpersonen, die ihren eigenen Vortheil
betreiben, viel besser fortkommen, als unter besol-
deten, von einer Gesellschaft oder von dem Staate
abhän-

zu Folgen habe; dagegen ich mich auf das Beyspiel
von Holland berufe — Herr Hume sagt eigentlich
in der Abhandlung von den Zinsen: wo keine Handlung wäre, da würde die Ueppigkeit und Verschwendung der Landjunker immer ein Bedürfniß, Geld
zu borgen, verursachen, und die armen Bauern
nichts zu geben haben.

abhängigen Aufsehern und künstlich groß entwor-
fenen Projekten.

§. 18.

Der Herr Verfasser sucht mich sogar durch Verstellung meines Ausdrucks, daß die schicklichsten
Manufakturen, dazu die Freiheit und des Landes-
Beschaffenheit anlocken, natürlicher Weise und
ohne Zwang entstehen würden, zu fassen (16).
Nach dem Zusammenhange brauche ich nicht zu er-
innern, daß dieses nicht bedeute, ohne Menschen
Zuthun erwachsen, sondern ohne die dem Mitbürger zur Last fallenden Einschränkungen. So hätte
er S. 63. nicht zu beweisen bedurft, daß die Manufakturen nothwendig rohe Produkte gebrauchten.
Die Frage war nur, ob nicht die dem Lande wirklich angemessene Manufacturen mit dem natürlichen Vortheil der ersten Hand und des nähern Ein-
kaufs bestehen müßten, und ob nicht durch Verbot
der Ausfuhr, die Vermehrung der rohen Produkten gehemmet, ihr Vorrath noch vermindert, und
durch Ausschliessung des Wettlaufs der Käufer die
Verbesserung derselben gehindert würde. Wenn er
S. 64. läugnet, daß die Verbote der Ausfuhr roher Produkte nach den Zwangsregeln schon gemacht
würden, ehe genugsamer Absatz durch die neu er-
richtete Fabrik geschafft wäre; so widerspricht er der
offen-

---

(16) Er bemühet sich S. 65. durch eine Parodie oder
Verstellung meiner Gesinnung einen rechten Unwillen darwider zu erregen.

offenbaren Geschichte (17). Und wenn diese Fabrik mit der Zeit so viel Absatz erhielte, daß sie allen
Vorrath von Landesprodukten verarbeiten könnte,
oder, wenn sie gleich zu Anfange so viel gebrauchte;
so hätte selbige des Verbots nicht mehr nöthig,
weil man sie ihr gern vor die Thür bringen würde.
— Daß es dem Lande vortheilhaft sey, Manufakturisten zu ernähren, deren Arbeit es mit Schaden verkauft, kann ich noch deswegen nicht glauben, weil (nach S. 54.) der Herr von Justi gesagt hat, daß es auch vortheilhaft sey, ein Berg-
werk anzulegen, welches mit Verlust gebauet werden müßte. Das Beyspiel passet freylich: denn,
beydes heißt die Einwohner mit Gewalt zu einer
schlecht lohnenden Arbeit anwenden, statt deren sie
etwas vortheilhaftes ausrichten könnten. Wie viele
dergleichen Arbeiten in einem Staate betrieben würden, was würde sich der für Schätze sammlen?

§. 19.

(17) Der Herr Gegner sagt, er müsse es rügen, daß
ich hier ein wenig chicanirte, weil niemand behaupte,
daß die Ausfuhr der rohen Landesprodukte verboten
werden solle, wenn auch keine Veranstaltung zu
ihrer Verarbeitung vorhanden wäre, und daß der
Verkäufer derselben sich so lange gedulden müsse, bis
sich Fabrikanten einfinden. Aber, wer chicanirt
wohl hier, oder verstellt die Sache? Ich hatte (§ 11.
von Handl. Grunds.) gesagt: bis sie der Fabri-
kant verarbeite, d. i. so viel, als Vorrath davon
ist, zu seinem Werk brauchte. Denn, das Anfin-
den der Fabrikanten und die Veranstaltung zu einer
neuen Fabrik macht noch nicht, daß die Produkte
gesucht,

§. 19.

Sehr unbilliger Weise sucht man die Aufklä-
rung unserer Zeiten, den weitern Fortgang ·in
Künsten, und die löblichen Bemühungen zur Verbesserung, mit den erzwungenen Anstalten zu ver-
mengen, davon wir geredet haben. Mithin be-
schuldigt man diejenigen, welche die letztern übel
angebracht finden, als ob sie auch jene verwerfen,
und Nachläßigkeit oder Schlafsucht vertheidigen
wollten (18). Wer preiset dann nicht die Aufmunterung der Einwohner, die Sorge für ihren Un-
terricht und Bildung der Sitten, die Anweisung
zu nützlichen Geschäften, die Belohnung des Flei-
ßes und der Geschicklichkeit (19)? Dieses muß
sicher-

gesucht, oder nach ihrem Werthe bezahlt werden:
folglich giebt dieses dem Anbauer noch nicht den
Trost, daß er bey seiner Arbeit bestehen könne.

(18) So will es der Herr Verfasser §. 8. 9. S. 58. u. f. f.
bey Rechtfertigung der Verordnungen und Verbote
vorstellen. Die Einwohner, sagt er, würden sonst
gedenken: O! wir dürfen nicht arbeiten: andere
arbeiten ja für uns. u. d. gl.

(19) Hiezu gehört auch die Sorge für neue Anpflan-
zung, die Mittheilung von zuträglichen Saamen
und Pflanzen, die Bekanntmachung nützlicher Er-
findungen, die Ueberzeugung eines zu erhaltenden
Vortheils durch Versuche, und — o! wie vieles
kann nicht durch väterliche Vorsorge der Landesherrschaft zur Aufnahme des Landes ausgerichtet werden? davon auch die Proben an verschiedenen Orten rühmlichst zeugen. Werden aber nicht auch die
allerdings nöthigen Verbesserungen durch dienliche
Unter-

ſicherlich friſches Leben im Staate erwecken, und alle
erſprießliche Folgen haben: nicht aber, wenn das
Gewerbe hie und da gehemmet, und den Unterthanen in ihrer freien Wahl die Hände gebunden
werden. Das ſind keine Aufmunterungen. Wo-
her käme es ſonſt, daß jetzt, da man ſich von ſo
vieler Aufmerkſamkeit der Obern, ſo viel angewandten Fleiſſe, da faſt alle Künſte und Wiſſenſchaften
beym Pflug und Maſchinen angeſpannt werden,
gewiß keine geringe Zunahme von Wohlſtand zu
verſprechen hätte, dennoch mehr über Mangel und
Nahrloſigkeit geſeufzet wird, als ſelbſt bey den vorigen ſorgloſen Zeiten? Müſſen es nicht dergleichen
wichtige Hinderniſſe ſeyn, die aller angewandten
Mühe im Wege ſtehen? Wenn ich alſo bey den
verſchiedenen Verboten die Urſachen aufrichtig anführe: "damit das Geld im Lande bleibe, oder den
Unterthanen gegönnt werde: damit die Einwohner
doppelt dabey verdienen," u. ſ. f. ſo gedachte ich,
es verſtünde ſich, daß dieſes die Folgen wären, welche man ſich nach guter Abſicht daraus verſpro-
chen (20). Die fernere Ausführung zeigt, daß ich
dabey

Unterweiſung der Einwohner, durch Anreizung und
Beiſpiel ſicherer befördert, als durch Zwang, dem
die Menſchen, auch wenn er auf Gutes abzielet, nur
mehr zu widerſtreben pflegen?

(20) Der Herr Verfaſſer will S. 62. §. 18 dieſe Aus-
drücke für Satyre halten, und nimmt daher ver-
ſchiedene Gelegenheit, ernſtlich vorzuſtellen, daß es
doch die Pflicht eines Regenten und die wohlerlaubte
Abſicht eines jeden Landes ſey, für den größten
Nutzen ſeiner Einwohner zu ſorgen.

dabey die Gründe aufzuspüren getrachtet, warum
dieser Zweck nicht durch die angewandten Zwangs-
mittel erhalten, sondern bey einem scheinbaren
Nutzen viel grösserer Schaden im Ganzen verursacht
werde. Es war also überflüßig, mit dem Herrn
Verfasser die Pflicht zu beweisen, daß die Landesherrschaft vor andern auf ihre Unterthanen denken,
und deren größten Wohlstand befördern müßte.
Man will nämlich die Vertheidigung der Handlungsfreiheit gerne dadurch verhaßt machen, als ob
es eine Vorsprache zum Besten der Auswärtigen
wäre. Wer vertheidigt aber die Ansprüche fremder Staaten zu unserm Schaden? Wir fragen
nur, was die eigenen Landeseinwohner wünschen.
Beim Kauf und Verkauf haben sie doch allemal
ihren freien Willen. Was kann ihnen der Fremde
aufdringen oder abzwingen, das sie nicht ihres Vortheils willen zu tauschen wählten? Nur ihre Lands-
leute sollten ihnen auch nicht aufdringen wollen,
eine schlechtere Waare theurer, als sie ein Fremder
anböte, zu erhandeln, oder ihnen ihr erworbenes
Eigenthum mit wenigerm Vortheil, als sie sonst
erhalten könnten, abzwingen. Das begriff der ge-
sellschaftliche Bund nicht.

§. 20.

Der Vorwurf S. 10. "man möchte, mit Vertheidigung der Freiheit, auch gleicherweise verlangen, daß alle Obrigkeiten und bürgerliche Ver-
fassung abgeschaft würden," trift mich keineswegs.

Eben

Eben deswegen sind vielmehr die Menschen in bürgerliche Gesellschaften zusammen getreten, damit sie
ihre persönliche Freiheit, und ihr Eigenthumsrecht
über das was sie besassen, und welches sonst durch
jede willkührliche Zudringung litte, durch diesen
Bund, und nach der Regel: "was du nicht willt,
daß dir geschehe," mit gemeinschaftlichen Kräften
schützen und sicher stellen mögten.

§. 21.

Wenn es also nur ausgemacht wäre, welche
Maaßregeln wirklich zu reichlicherer Nahrung und
Gewerbe, zur Vermehrung der Landesschätze, zu
wünschenswürdigerm Aufenthalt im Lande, und
folglich zu Vermehrung der Einwohner und zu gröf-
serm Flor des Staats beytragen; so wäre sicherlich
kein Bedenken, ob eine so vorzügliche Einrichtung
zu wählen, und mit allem Ernst zu betreiben sey.
Der Herr Verfasser sagt zwar S. 10. "Was
für Folgen die allgemeine Handlungsfreiheit haben
würde, liesse sich nicht mit Wahrscheinlichkeit behaupten, da man keine Erfahrung aufzuweisen hätte,
daß sie überhaupt in der Welt angenommen gewesen." Daß weiß man aber doch, was ihre Folgen
in denen Staaten gewesen, wo man sie wirklich verstattet hat, oder noch verstattet: das weiß man auch,
daß oft, wenn die Landesherrschaft einem Orte auf-
helfen wollen, sie solches durch Ertheilung von
Marktfreiheit, Freihavens Gerechtigkeit, und dergleichen Wohlthaten nach Wunsch zuwege gebracht.

D   Hat

Hat nun dieses, auch bey der im Wege stehenden
Hinderung auswärtiger Handlungs-Verbote, so
guten Erfolg gehabt, und sind dergleichen Oerter
dadurch in bessern Flor gekommen, als andere, wo
man Einschränkungen hatte; so liesse sich doch wol
aus dieser Erfahrung schon urtheilen, welches von
beiden Nahrung und Wohlstand beförder oder hin-
dere. Auf der andern Seite sind mit den Handlungs-Einschränkungen, Verboten und Zwangs-
mitteln doch schon Proben genug in verschiedenen
Staaten gemacht, daß man von ihren Folgen urtheilen könnte. Ich höre gern die Erfahrung. Ist
es demnach gegründet, was der Herr Verfasser sich
mit andern von diesen gerühmten Einrichtungen ver-
spricht, daß dadurch Fleiß und Geschicklichkeit der
Einwohner aufgemuntert, der Abgang von Schätzen verhindert, die Quellen der Nahrung vermehrt,
und dem Lande aufgeholfen werde; so müssen solche
Staaten seit so viel Jahren, als dergleichen Ansta-
ten bey ihnen eingeführt sind, in Vergleichung mit
andern, einen recht merklichen Anwachs ihres Flors
verspürt haben. Es muß daselbst Nahrung, Reich-
thum und Glückseligkeit im Ueberflusse zuwege gebracht seyn. Statt zu fürchten, daß die Einwohner aus so wohl versorgtem Lande entweichen mögten, und sie mit Gewalt zurück zu halten, wird
man vielmehr nur darauf bedacht seyn, Stellen
auszuweisen, wo sich neue Ankömmlinge niederlas-
sen mögen, welche aus andern Orten wegen Armuth
und Mangel der Nahrung zu flüchten begehren,
nämlich aus denen Staaten, die (wie der Verfasser

fer S. 20. und 43. sich ausdrückt) noch nicht völlig
erwacht sind, und in deren Finsterniß das Licht,
welches dort schon lange brennet, noch nicht aufge=
gangen ist, oder die sich zu ohnmächtig zu solchem
Schwunge fühlen.   Finden wir dieses, so soll
unser Streit entschieden seyn. — Exempla sunt
odiosa.

§. 22.

Doch der Herr Verfasser führt zu völliger Wi=
berlegung meiner Gedanken, S. 65. das Beispiel
Peters des Grossen an, der Rußland neu verän=
dert, und in Flor gebracht hat (21)! Dieses Bei=
spiel war gewiß nicht mit allem Bedacht gewählt:
es würde besser zur Empfehlung jener ganz entgegen
gesetzten Mittel der Aufmunterung zutreffen, deren
ich oben und im letzten Abschnitt der Abhandlung
von Handl. Grundsätzen, als zur Aufhelfung des
Landes dienlich, erwähnt habe (22). Ist diese schlei=
nige Aufnahme, diese grosse Veränderung, der=

D 2   glei=

(21) "Wäre (sagt er) Peter der Grosse jemals Peter
der Grosse, der Regent dieses Jahrhunderts ge=
worden, wenn er diesen Glauben gehabt hätte?
und würde wol bis diese Stunde ein Blatt von ei=
nem neuveränderten Rußland haben geschrieben wer=
den können, wenn Er und alle seine Nachfolger
nicht gerade das Gegentheil geglaubt und gethan
hätten?"

(22) Es heißt daselbst: Der Zweck des Landesherrn,
den Unterthanen aufzuhelfen, und das Land durch
ihre

gleichen man nicht leicht von irgend einem andern
Stáate rühmen kann, wol durch Einschränkung
der Handlung, durch Verbot von Ausfuhr u. s. w.
bewirkt worden? Keinesweges. Es ist vielmehr in
Rußland, nach dem Entwurf jenes grossen Kaisers,
und nach der Denkungsart der grossen Behersche-
rinn, die noch jetzt in seinen Fußstapfen des Reiches
Flor erweitert, zuerst durch beförderte freye Ausfuhr roher Produkte der reichliche Anbau derselben
ermuntert und vermehrt, und dadurch ein zuver-
läßiger und fruchtbarer Grund bereitet worden.
Aus diesem entsprungen hernach die Fabriken, die
dem Boden gemäß waren, und die folglich am besten gedeien mußten; natürlich, aus kleinen Schöß-
lingen, aber desto sicherer bewurzelt; frey, aber
mit desto kräftigerm Wuchse. Die belebende Handlung setzte alles in Bewegung, verbreitete durch alle
Felder die wirksame Nahrung, und brachte den glück-
lichen Flor zu Stande, den wir bewundern müssen.

§. 23.

ihre Vorsorge in Flor zu bringen, wenn nur nicht
irrige Rathgeber Sie vom Wege der Natur ablei-
teten, würde erhalten, wenn die Regierung nur
Sicherheit, Freiheit und Recht verschaffte; wenn sie
durch Untersuchung des Landes und des Mangels,
durch Linderung der Abgaben, durch Verbesserung
der Heerstrassen und Häven, durch schiffbare Cana-
le, u. s. w nebst aller Erleichterung des Handels
und Gewerbes, alle Bedürfnisse nnd Bequemlichkeiten am wohlfeilsten und leichtesten zu erhalten
machte; kurz, wenn Sie es so einrichtete, daß es
angenehm wäre, in Ihrem Lande zu leben. S. auch
oben §. 19. und Anm. 19.

§. 23.

Sollte dann bey andern Staaten die Aufhe=
bung jener Einschränkungen, die Wiedereinführung
der Handlungsfreyheit, oder die Nachahmung ei=
nes so rührenden Beyspiels, welches doch mit der
Zeit immer mehrere zu befolgen gereizet, ja fast ge=
zwungen seyn werden, eine solche Chimäre seyn,
als der Verfasser S. 17. glaubet? Das will ich nicht
hoffen! Nur wollte ich der Menschheit wegen wün=
schen, daß es aus bessern Gründen, als wegen der
dringenden Noth und der überhand nehmenden
Seufzer bekümmerter Einwohner, geschehen mög=
te (23). Ja, ich unterstehe mich zu prophezeien,

man

(23) So viel ist doch bereits gewonnen, daß die meisten
Vertheidiger der Handlungseinschränkungen sich schon
vieles abdingen lassen. Dieses bezeugt der Herr
Verfasser S. 69. und an mehrern Stellen. S. 63.
sagt er ausdrücklich: "Auflagen und Verbot der
Ausfuhr roher Produkte sind allemal die Mittel,
welche am letzten zu wählen sind. Denn sie kön=
nen die Wirkung haben, daß sie den Trieb zur Ver=
mehrung oder Erzeugung derselben bis zum gänzli=
chen Mangel niederschlagen." Er scheint daher selbst
die Ankaufung derselben vorzuziehen. Das war
nun wirklich das natürliche Mittel und der allein
billige Rath. Wer die Waare, welche eines an=
dern Eigenthum ist, zu haben begehrt, der muß
sie ihm abkaufen; und wer da will, daß dieser ihm
seine Waare abnehmen soll, der muß sie in solcher
Güte und zu solchem Preise anbieten, daß sie vor
andern gewählt werde. So wird der gesellschaft=
liche Bund nicht mit Gewalt gestöhret: so sind wir
alle einig.

man werde bey weiterer Erwägung, und noch wol
vor dem Jahr 2440 (davon ein witziger Schriftstel-
ler den veränderten Zustand Frankreichs vorgestellt
hat) mehr und mehr überzeugt seyn, daß die größte
Verbindung, Gemeinschaft und Dienstwechselung
unter allen Provinzen, Staaten, Reichen, Welt-
theilen, so wie die vereinte Hülfsleistung einzelner
Menschen, dem grossen Zwecke des Schöpfers gemäß, und ihrer aller wahrer und größter eigener
Vortheil sey: daß hingegen ein Patriot, im jetzi-
gen menschenfeindlichen Verstande, der nämlich nur
durch Abbruch anderer seinem Staate Vortheil zu
schaffen gedenkt, ein nur dem Grade nach weniger
verächtliches Geschöpf geschätzt werden müsse, als
der Verhaßte, der nur dem engen Kreise seiner
Familie allen Vorzug und Wohlstand gönnet, oder
der Niederträchtige, der bloß auf seinen kleinen
Eigennuß seine kriechenden Wünsche
einschränket.